James Allen · Heile deine Gedanken

James Allen

Heile deine Gedanken

Werde Meister deines Schicksals

Herausgegeben von Marc Allen

Aus dem Amerikanischen
von Tatjana Kruse

Lüchow

Die englische Originalausgabe erschien 1904 unter dem Titel
As You Think (As A Man Thinketh)

Die amerikanische Erstausgabe erschien 1987 bei New World Library,
San Rafael/Ca, USA

Bibliografische Information der Deutschen Nationalbibliothek
Die Deutsche Nationalbibliothek verzeichnet diese Publikation in der Deutschen Nationalbibliografie; detaillierte bibliografische Daten sind im Internet über **http://dnb.d-nb.de** abrufbar.

Umschlaggestaltung: Margret Russer, München
Umschlagfoto: © Getty Images
Satz: de·te·pe, Aalen
Druck und Bindung: Westermann Druck Zwickau

ISBN Print 978-3-89901-302-3
ISBN E-Book 978-3-89901-519-5

www.luechow-verlag.de

Dieses Buch wurde auf 100 % Altpapier gedruckt und ist alterungsbeständig. Weitere Informationen hierzu finden Sie unter
www.kamphausen.media

Der Geist ist die herrschende Kraft,
die schmiedet und schafft.
Wir sind Geist, und je mehr wir das Werkzeug
des Denkens einsetzen und das erschaffen,
was wir wollen,
desto sicherer bringen wir tausend Freuden,
tausend Leiden hervor.
Wir denken im Verborgenen, und es zeigt sich –
unsere Lebensumstände sind nichts als ein Spiegel.

James Allen

Was immer du zu tun oder zu träumen vermagst,
wag dich nur frisch daran –
Kühnheit trägt Genie, Kraft und Magie in sich.

Goethe

Inhalt

Einführung

Ein Buch, das seit annähernd einhundert Jahren in Druck ist und auch erfolgreich verkauft wird, muß einfach etwas Magisches und Starkes an sich haben. *Heile deine Gedanken,* im Original *As You Think (As a Man Thinketh),* hat sich als eines der ausdauerndsten und erfolgreichsten »Selbsthilfe«-Bücher der Welt erwiesen, im besten Sinne des Wortes. »Selbstentwicklung« wäre als Begriff angemessener – oder auch »Selbstermächtigung«. Dieses kleine Buch kann uns die Größe zeigen, derer wir fähig sind, und uns die Mittel an die Hand geben, um diese Größe auch zu erreichen.

Die Wahrheit kann immer ganz einfach ausgedrückt werden. Und wenn sie erst einmal ausgesprochen wurde, hat sie eine zutiefst bewegende Wirkung. Sie kann tatsächlich unser Leben verändern. Die Wahrheit kann uns buchstäblich frei machen, frei von den Begrenzungen, die wir uns selbst auferlegt haben. James Allen zeigt ganz klar, daß der Schlüssel zu unserer persönlichen Kraft in unserem Denken liegt, und er zeigt uns auch, wir wir diesen Schlüssel einsetzen können, um uns den umfassendsten Erfolg und die größte Kraft, die wir uns vorstellen können, zu erschließen.

Ich habe *Heile Deine Gedanken* vor etwa sieben Jahren entdeckt. Ein Freund gab mir eine Kassette, auf die Leonard Orr* dieses Buch gesprochen hatte. Ich muß dieses Band wohl über einhundert Mal abgespielt haben, während ich im Auto fuhr – dann war das Band abgenudelt. Daraufhin kaufte ich das Buch und besprach selbst eine Kassette. Ich höre dieses Band immer noch gelegentlich, wenn ich das Bedürfnis nach Inspiration verspüre. Nachdem ich es so oft gehört habe, kann ich große Teile davon auswendig.

Die einfachen und doch hell erstrahlenden Worte von James Allen haben tief in meinem Unterbewußtsein Wurzeln geschlagen, unterstützt von der Wiederholung durch das häufige Zuhören und Lesen. Dadurch änderte sich mein Leben langsam, aber sicher zum Besseren. Ich habe

* Der »Erfinder« des Rebirthing, einer sehr effektiven Atemmethode (Anm. d. Herausgebers)

aufgehört, die Dinge zu tun, die ich in meinem Leben nicht tun will; ich verbringe meine Zeit damit, das zu tun, was ich liebe. Ich habe erfolgreiche Bücher geschrieben und Schallplattenaufnahmen meiner Kompositionen gemacht. Ich habe – mit Unterstützung einer großen Zahl wunderbarer Menschen – ein erfolgreiches Unternehmen aufgebaut, das problemlos läuft und mich sowie viele andere üppig versorgt. Ich habe den Sinn meines Lebens entdeckt, und ich arbeite ständig daran, auf meine eigene Weise eine bessere Welt für uns alle zu erschaffen.

Die Worte von James Allen (der übrigens *nicht* mit mir verwandt ist) wurden zweifelsohne zu einer treibenden Kraft in meinem Leben, und es freut mich, dies mit Ihnen teilen zu können.

Ich habe das Buch nur leicht überarbeitet, die Sprache dort verändert, wo sie allzu veraltet oder hinfällig geworden ist.

Der Originaltitel lautet *As A Man Thinketh* (Wie der Mensch denkt). Damit meinte der Autor selbstverständlich sowohl Männer als auch Frauen – wie er zu Beginn des Buches schreibt –, denn die Prinzipien, die er uns so eindringlich erläutert, sind universell, gültig für jeden Menschen, ungeachtet seines Geschlechts, seines Alters, seiner Rassenzugehörigkeit, seines Glaubens, seines sozialen Status oder seiner Erziehung.

Genießen Sie das Fest, das Ihnen James Allen ausgerichtet hat – gewissermaßen ein großartiges, nahrhaftes Festessen in kleinen Bissen.

Marc Allen

Novato, Kalifornien

Vorwort

Dieses kleine Büchlein – das Ergebnis von Meditation und Erfahrung – ist nicht als erschöpfende Abhandlung zu dem vielbeschriebenen Thema der Macht der Gedanken gedacht. Es deutet mehr an, als daß es erklärt. Sein Ziel ist es, sowohl Männer als auch Frauen zur Entdeckung und Erkenntnis der Wahrheit zu ermuntern, daß »sie selbst die Schmiede ihres Glücks« sind, mittels der Gedanken, die sie wählen und verstärken; daß der Geist der »Meisterweber« ist – sowohl der inneren Kleidung des Charakters als auch der äußeren Kleidung der Lebensumstände – und daß sie, wie sie zuvor vielleicht in Ignoranz und Schmerz gewebt haben, jetzt in Erleuchtung und Glück weben können.

James Allen
Ilfracombe, England

1

Gedanken und Charakter

Der Aphorismus »Wie wir in unserem Herzen denken, so sind wir« umfaßt nicht nur unser ganzes Wesen, sondern ist so umfassend, daß er jede Bedingung und jeden Umstand unseres Lebens einschließt. Wir sind buchstäblich das, *was wir denken,* unser Charakter ist die vollständige Summe aller unserer Gedanken.

Wie die Pflanze dem Samenkorn entspringt und nicht ohne das Samenkorn existieren könnte, so entspringen alle unsere Handlungen den versteckten Samenkörnern unserer Gedanken und könnten ohne sie nicht zur Wirklichkeit werden.

Dies trifft gleichermaßen auf jene Handlungen zu, die wir »spontan« und »ohne Vorsatz« nennen, wie auf jene, die wir absichtlich ausführen.

Die Tat ist die Blüte des Gedankens, und Freud und Leid sind seine Früchte; daher ernten wir die süßen und die bitteren Früchte, die wir selbst gepflanzt haben.

Was wir sind, wurde durch die Gedanken unseres eigenen Geistes entworfen und erbaut. Wenn wir aus der Unwissenheit kommende und böse Gedanken nähren, folgt Schmerz auf dem Fuße. Wenn unsere Gedanken gesund und segensreich sind, folgt die Freude so sicher wie uns unser Schatten an einem sonnigen Tag.

Jeder Mann und jede Frau ist durch die Gesetzmäßigkeit gewachsen und ist keine künstliche Schöpfung. Ein solches Ursache-Wirkungs-Prinzip trifft ebenso absolut und unbeirrbar auf die verborgenen Bereiche des Denkens zu wie auf die Welt der sichtbaren und materiellen Dinge. Ein edler und hehrer Charakter ist keine Schicksalsfügung und kein Zufall, sondern das natürliche Ergebnis fortgesetzten Bemühens im richtigen Denken, die Wirkung einer langgehegten Verbindung mit göttlichen Gedanken. Ein niedriger und animalischer Charakter ist aufgrund desselben Prinzips das Ergebnis von fortwährendem Verweilen auf »kriecherischen Gedanken«.

Wir werden durch uns selbst geschaffen und zerstört; in der Rüstkammer der Gedanken schmieden wir die Waffen, durch die wir uns selbst zerstören, und wir stellen auch die Werkzeuge her, mit denen wir uns selbst himmlische Gebäude der Freude, der Stärke und des Friedens errichten. Wenn wir die richtige Wahl treffen und unsere Gedanken richtig anwenden, steigen wir zu göttlicher Vollkommenheit auf; wenn wir unsere Gedanken mißbrauchen und falsch anwenden, sinken wir tiefer als alle Tiere. Zwischen diesen beiden Extremen liegen alle Schattierungen des Charakters, und wir sind deren Schöpfer und Meister.

Von all den herrlichen Wahrheiten in bezug auf die Seele, die in unserer Zeit zu neuem Leben erweckt und ans Licht gebracht wurden, ist keine erfreulicher oder reicher an göttlichem Versprechen und Zuversicht als diese – daß Sie der Meister Ihrer Gedanken sind, der Schöpfer Ihres Charakters und der Baumeister Ihrer Lebensumstände, Ihrer Umwelt und Ihres Schicksals.

Als Wesen von Kraft, Intelligenz und Liebe und als Meister Ihrer eigenen Gedanken halten Sie den Schlüssel für jede Situation in der Hand, und Sie tragen dieses transformierende und sich immer erneuernde Potential in sich, mit dessen Hilfe Sie sich selbst zu dem machen können, was Sie sich wünschen.

Sie sind immer der Meister, sogar dann, wenn Sie sich schwach und verlassen fühlen; in Ihrer Schwäche und Kraftlosigkeit sind Sie der törichte Meister, der seinen

Hausstand nicht adäquat führt. Wenn Sie über Ihre Lebensumstände nachdenken und sorgsam nach dem Gesetz suchen, auf das sich Ihr Wesen gründet, können Sie zum weisen Meister werden, Ihre Energien mit Intelligenz steuern und Ihre Gedanken zu fruchtbaren Ergebnissen formen. Das macht den *bewußten* Meister aus. Doch Sie können nur zum bewußten Meister werden, wenn Sie *in sich selbst* die Gesetze des Denkens entdecken. Diese Entdeckung ist gänzlich eine Sache der Anwendung, der Selbstanalyse und der Erfahrung.

Nur durch eine solche Suche und durch solch ein Aufspüren können Gold und Diamanten gefunden werden. Sie können jede Wahrheit über Ihr Wesen finden, wenn Sie tief genug in Ihrer Seele schürfen. Die Tatsache, daß Sie der Schmied Ihres Charakters sind, der Schöpfer Ihres Lebens und der Bauherr Ihres Schicksal, können Sie ohne jeden Zweifel beweisen, wenn Sie Ihre Gedanken beobachten, kontrollieren und verändern, wenn Sie deren Wirkung auf Sie selbst und auf andere sowie auf Ihr Leben und Ihre Lebensumstände verfolgen, wenn Sie Ursache und Wirkung durch geduldiges Üben und Erforschen in Verbindung bringen und alle Ihre Erfahrungen praktisch anwenden – selbst die trivialsten, alltäglichsten Erfahrungen. Dadurch werden Sie ein Wissen von sich selbst erlangen, das zu Verständnis, Weisheit und Kraft führt.

Hier trifft – wie nirgendwo sonst – ausnahmslos das Gesetz zu: »Jene, die suchen, werden finden; und jenen, die anklopfen, wird geöffnet werden.« Denn nur durch Geduld, Übung und unablässiges Bemühen können Sie die Tür zum Tempel des Wissens aufstoßen.

2

Die Wirkung der Gedanken auf die Lebensumstände

Ihr Geist kann mit einem Garten verglichen werden, der entweder vernünftig kultiviert wird oder in dem Wildwuchs herrscht – aber ob kultiviert oder vernachlässigt, er muß und er wird *etwas hervorbringen.* Wenn keine brauchbaren Samenkörner in den Boden gegeben werden, dann wird eine Fülle nutzlosen Unkrauts hervorschießen, das immer üppiger wuchert.

Ebenso wie Gärtner ihre Beete kultivieren, sie frei von Unkraut halten und Blumen sowie Obst nach ihren Wünschen anbauen, so können Sie den Garten Ihres Geistes pflegen, all die falschen, nutzlosen und unreinen Gedanken ausreißen und die Blumen und Früchte des richtigen, nützlichen und reinen Denkens zur Vollkommenheit kultivieren. Wenn Sie lernen, richtig zu denken, werden Sie früher oder später entdecken, daß Sie der Meistergärtner Ihrer Seele sind, der Direktor Ihres Lebens. Sie werden in sich selbst die Gesetze des Denkens entdecken und zunehmend genauer verstehen, auf welche Art und Weise die Kräfte des Denkens und die Elemente des Geistes zur Formung Ihres Charakters, Ihrer Lebensumstände und Ihres Schicksals beitragen.

Denken und Charakter sind eins, und da sich der Charakter nur durch Umwelt und Umstände manifestieren und selbst entdecken kann, werden die äußeren Umstände Ihres Lebens immer harmonisch zu Ihrem inneren Zustand in bezug stehen. Das heißt nicht, daß Ihre Lebensumstände jederzeit ein Spiegelbild Ihres *gesamten* Charakters sind, aber daß jene Umstände so eng mit einigen wesentlichen Elementen Ihrer Gedanken verbunden sind, daß sie für Ihre aktuelle Entwicklung unentbehrlich sind.

Sie sind, wo Sie sind, durch das Gesetz Ihres Wesens; die Gedanken, die Sie in Ihren Charakter eingebaut haben, haben Sie hierher gebracht, und im Aufbau Ihres Lebens gibt es kein Element des Zufalls. Alles ist vielmehr das Ergebnis eines Gesetzes, das sich nicht irren kann. Das trifft auf alle zu – auf jene, die sich mit ihrer Umgebung »nicht in Harmonie« fühlen, ebenso wie auf jene, die damit zufrieden sind.

Als vorwärtsgerichtetes und sich entwickelndes Wesen sind Sie da, wo Sie sind, um zu lernen und zu wachsen, und wenn Sie die spirituelle Lektion gelernt haben, die in jedem Lebensumstand für Sie enthalten ist, wird dieser Umstand sich ändern und einem anderen Lebensumstand Platz machen.

Sie werden von Ihren Lebensumständen so lange herumgestoßen, wie Sie glauben, Sie seien ein Geschöpf, das von äußerlichen Bedingungen beeinflusst wird – sobald Sie jedoch erkennen, daß Sie selbst eine schöpferische Kraft sind und daß Sie die Urkräfte Ihres Wesens, aus denen Ihre Lebensumstände erwachsen, beherrschen können, werden Sie zum rechtmäßigen Herrn Ihrer selbst.

Alle Menschen, die sich in Selbstprüfung und Selbstkontrolle geübt haben, wissen, daß die Umstände aus dem Denken erwachsen, denn sie haben bemerkt, daß die Veränderungen ihrer Lebensumstände in direktem Verhältnis zu ihrer veränderten geistigen Haltung stehen. Das ist in jedem Fall wahr; wenn Sie sich selbst ernsthaft der Aufgabe widmen, die Schwächen Ihres Charakters zu heilen, werden Sie schnelle und deutliche Fortschritte erzielen und rasch eine Reihe von Veränderungen durchlaufen.

Die Seele zieht das an, was sie insgeheim beherbergt – das, was sie liebt, und auch das, was sie fürchtet. Sie erreicht die Höhe ihrer stetigen Bemühungen, und sie fällt in den Abgrund ihrer ständig wiederkehrenden und nicht hinterfragten Ängste. Die Umstände sind das Mittel, durch das die Seele sich selbst empfängt.

Jeder Gedankensame, der in den Geist gesät wird oder eintreten und dort Wurzeln schlagen darf, reproduziert sich, erblüht früher oder später zur Handlung und trägt seine eigenen Früchte von Gelegenheit und Chancen. Gute Gedanken tragen gute Früchte, schlechte Gedanken tragen schlechte Früchte.

Die äußere Welt der Umstände formt sich selbst zur inneren Welt der Gedanken, und sowohl angenehme als auch unangenehme äußere Umstände sind Faktoren, die zum höchsten Nutzen des Individuums beitragen. Das Ergebnis Ihrer eigenen Ernte resultiert sowohl aus Leiden als auch aus Freude.

Wenn Sie Ihrem innersten Verlangen, Ihren Hoffnungen und Ihren Gedanken folgen, durch die Sie sich selbst bestimmen, kommen Sie zuletzt zu deren Erfüllung in den äußeren Bedingungen Ihres Lebens. Die Gesetze des Wachstums und der Anpassung sind überall gültig.

Ein Mensch endet nicht durch die Tyrannei des Schicksals oder der Umstände in der Gosse oder im Gefängnis, sondern durch den Weg niedriger Gedanken und Sehnsüchte. Und ebenso gleitet ein Mensch des reinen

Geistes nicht plötzlich durch den Druck einer rein äußeren Kraft ins Verbrechen ab – der kriminelle Gedanke wurde lange in seinem Herzen gepflegt, und die Stunde der Gelegenheit setzte lediglich die angesammelte Kraft frei. Nicht die Umstände machen den Menschen, sie legen nur den Menschen vor sich selbst bloß.

Es gibt keine Umstände, die uns dazu führen, in die Sünde und das zugehörige Leid abzusteigen, außer unseren eigenen sündigen Neigungen – wie es auch keine Umstände gibt, die uns ohne ständiges Bemühen von tugendhaftem Verhalten zum Erfolg und zum reinen Glück führen können. Daher sind wir die Herren und Meister unseres Denkens und die Erschaffer unserer selbst, die Architekten und die Erbauer unserer Umgebung.

Sogar bei der Geburt folgt die Seele sich selbst, und durch jeden Schritt ihrer irdischen Pilgerschaft zieht sie eine Kombination von Umständen an, die sie ausmachen, die die Reflexion ihrer eigenen Reinheit und Unreinheit sind, ihrer Stärken und Schwächen.

Wir ziehen nicht an, was wir *wollen,* sondern was wir *sind.* Unsere Marotten, Neigungen und Ziele werden mit jedem Schritt durchkreuzt, aber unsere innersten Gedanken und Sehnsüchte nähren sich selbst, sei es zum Guten oder zum Bösen. Die »Gottheit, die unser Schicksal formt«, wohnt in uns selbst, sie ist unser innerstes Selbst.

Und so werden wir nur durch uns selbst gefangen: Unsere eigenen Gedanken und Handlungen sind die Wärter unseres Schicksals – sie halten gefangen, wenn sie niedrig sind; sie sind aber auch die Engel der Freiheit – sie befreien, wenn sie edel sind.

Wir bekommen nicht, was wir wünschen und wofür wir beten, wir bekommen, was wir zu Recht verdienen. Unsere Wünsche und Gebete werden nur erfüllt und beantwortet, wenn sie mit unseren Gedanken und Taten harmonisieren.

Was bedeutet es, im Lichte dieser Wahrheit »gegen die Umstände in unserem Leben anzukämpfen«? Es bedeutet, daß wir ständig gegen eine *Wirkung* revoltieren, während wir gleichzeitig die *Ursache* in unserem Herzen die ganze Zeit nähren und pflegen. Diese Ursache kann die Gestalt eines bewußten Lasters oder einer unbewußten Schwäche annehmen, aber was immer sie ist, sie verzögert hartnäckig die Anstrengungen ihres Besitzers und ruft laut nach einem Heilmittel.

Die meisten von uns wollen ihre Lebensumstände verbessern, sind aber nicht bereit, sich selbst zu verbessern – und daher bleiben wir gebunden. Wenn wir vor ehrlicher Selbstprüfung nicht zurückschrecken, werden wir niemals darin versagen können, das Ziel zu erreichen, nach dem unser Herz sich sehnt. Das gilt für irdische Dinge ebenso wie für himmlische Dinge. Selbst wenn es unser einziges Ziel wäre, Reichtum anzusammeln, müßten wir bereit sein, große persönliche Opfer zu bringen, bevor wir unser Ziel erreichen könnten – und wieviel mehr gilt das für jene von uns, die ein gutes und ausgeglichenes Leben erstreben?

Lassen Sie uns einige Beispiele betrachten:

Es gibt Menschen, die jämmerlich arm sind. Sie wünschen sich sehr, daß sich ihre Umgebung und ihr häuslicher Komfort verbessern, und doch drücken sie sich vor der Arbeit und halten es für gerechtfertigt, wenn sie versuchen, ihre Arbeitgeber zu täuschen, nur weil diese ihnen einen unzureichenden Lohn zahlen.

Diese Menschen verstehen nichts von den einfachen Grundprinzipien, die die Basis wahren Wohlstands bilden, und sind nicht nur völlig ungeeignet, sich aus ihren ärmlichen Umständen zu erheben, sondern ziehen vielmehr noch schlimmere Umstände an, indem sie sich in schwachen, faulen und täuschenden Gedanken suhlen – und diese auch ausleben.

Oder ein anderes Beispiel, ein reiches Paar. Sie sind die Opfer einer schmerzhaften und chronischen Krankheit als Ergebnis der Völlerei. Sie würden nur zu gern riesige

Geldbeträge zahlen, um sich ihrer Krankheit zu entledigen, aber sie wollen ihre Gewohnheit der Völlerei nicht dafür opfern. Sie wollen ihre Vorlieben für schwere Speisen in unmäßigen Mengen ausleben und dennoch gesund sein. Solche Menschen sind völlig ungeeignet für eine gute Gesundheit, weil sie die Grundprinzipien eines gesunden Lebens noch nicht gelernt haben.

Oder Arbeitgeber, die durch krumme Tricks vermeiden, angemessene Löhne zu zahlen – die in der Hoffnung auf größere Profite die Löhne ihrer Angestellten und Arbeiter verringern. Diese Arbeitgeber sind völlig ungeeignet für den Wohlstand. Wenn sie eines Tages bankrott gehen – sowohl an Reputation wie an Reichtümern –, werden sie den Umständen die Schuld geben, nicht wissend, daß *sie* die alleinigen Urheber ihrer Umstände sind.

Ich habe diese drei Fälle nur angeführt, um die Wahrheit zu illustrieren, daß die Menschen – wenn auch beinahe immer unbewußt – die Verursacher der Umstände sind, in denen sie leben, und daß, während sie das Gute wollen, sie ständig die Erreichung des Guten verhindern, indem sie Gedanken und Sehnsüchte ermutigen, die in keiner Weise mit diesen Zielen harmonisieren. Diese Beispiele könnten fast endlos fortgesetzt und variiert werden, aber das ist nicht nötig, da wir ja die Gesetze des Denkens in unserem eigenen Geist und Leben verfolgen können – bis dies getan ist, können rein äußerliche Tatsachen nicht als Argumentationsbasis dienen.

Die Umstände sind jedoch so kompliziert, das Denken ist so tief verwurzelt, und die Bedingungen des Glücks sind von Mensch zu Mensch so verschieden, daß der Gesamtzustand unserer Seele (obwohl er uns bekannt sein mag) von einem Dritten nicht allein aufgrund der äußeren Aspekte unseres Lebens beurteilt werden kann. Ein Mensch kann in bestimmten Bereichen ehrlich sein und doch Not leiden, während ein anderer in bestimmten Bereichen unehrlich sein mag und doch Wohlstand ansammelt. Die gewöhnliche Schlußfolgerung – der eine *hätte wegen genau dieser Ehrlichkeit versagt* und der andere *hätte wegen genau dieser Unehrlichkeit Erfolg gehabt* – ist das Ergebnis eines oberflächlichen Urteils, das davon ausgeht, daß der unehrliche Mensch völlig korrupt ist und der ehrliche Mensch völlig tugendhaft. Im Lichte eines tieferen Wissens und größerer Erfahrung stellt sich ein solches Urteil als irrig heraus. Der unehrliche Mensch mag bewundernswerte Tugenden haben, die der andere nicht besitzt, und der ehrliche Mensch mag bestimmte Laster haben, die dem anderen fehlen. Der ehrliche Mensch erntet die guten Ergebnisse seines ehrlichen Denkens und Handelns, aber auch die Erfahrungen des Leidens, die sein Laster hervorbringt. Der unehrliche Mensch erntet ebenfalls sein eigenes Leid und sein eigenes Glück.

Die menschliche Eitelkeit glaubt nur allzugern, einer leide aufgrund seiner Tugend – aber erst dann, wenn wir die kranken, bitteren und schlechten Gedanken aus unserem Denken entfernt haben und jeden Fleck aus unserer Seele gewaschen haben, sind wir in der Lage, zu wissen und zu erklären, daß Leiden das Ergebnis unserer schlechten und nicht unserer guten Eigenschaften ist.

Auf dem Weg zu dieser höchsten Vollkommenheit, doch lange bevor wir sie erreicht haben, werden wir – wenn wir unseren Geist und unser Leben erforschen – ein großes Gesetz entdecken, das absolut gerecht ist und das daher nicht gut auf Böses und böse auf Gutes reagieren kann. Wenn wir solch eine Erkenntnis erlangen, werden wir – wenn wir auf unsere frühere Unwissenheit und Blindheit zurückblicken – wissen, daß unser Leben gerecht geordnet ist und immer schon war, und daß alle unsere früheren Erfahrungen, gute und schlechte, die entsprechenden Ergebnisse unseres sich entwickelnden und doch unentwickelten Selbst waren.

Gute Gedanken und Taten können niemals schlechte Ergebnisse erzeugen; schlechte Gedanken und Handlungen können niemals zu guten Ergebnissen führen. Das will heißen, nichts kann aus Mais wachsen außer Mais, nichts aus Nesseln außer Nesseln. Wir verstehen dieses Gesetz in der natürlichen Welt und arbeiten damit; aber nur wenige verstehen es in der geistigen und moralischen Welt – obwohl seine Funktionsweise dort ebenso einfach und unausweichlich ist –, und daher leben sie auch nicht dementsprechend.

Leiden ist *immer* die Auswirkung falschen Denkens in irgendeiner Richtung. Es ist ein Anzeichen dafür, daß wir uns nicht länger in Harmonie mit uns selbst befinden, mit dem Gesetz unseres Seins. Der einzige und höchste Sinn des Leidens ist die Läuterung – alles herauszubrennen, was nutzlos und unrein ist. Das Leiden hört für jene auf, die rein sind. Wenn alle Unreinheit aus dem Gold herausgebrannt wurde, hat es keinen Sinn weiter zu brennen, und ein vollkommen reines und erleuchtetes Wesen kann nicht leiden.

Die Umstände, aus denen uns Leid erwächst, sind das Ergebnis unserer eigenen geistigen Disharmonie. Die Umstände, denen wir mit Anstand und Vergnügen begegnen, sind das Ergebnis unserer eigenen geistigen Harmonie. Vergnügen und Freude – nicht materielle Besitztümer – sind die Maßstäbe für richtiges Denken; Leid und Elend – nicht der Mangel an materiellen Besitztümern – sind der Maßstab für falsches Denken. Manche Menschen sind elend und reich; einige sind gesegnet und arm. Segen und Reichtümer gehen nur dann Hand in Hand, wenn die Reichtümer richtig und weise angewendet werden; und die Armen steigen nur ins Elend ab, wenn sie ihr Schicksal als eine Last betrachten, die ihnen ungerechtfertigterweise aufgezwungen wurde.

Armut und Ausschweifung sind die beiden Extreme des Elends. Sie sind beide gleichermaßen unnatürlich und das Ergebnis geistiger Störungen. Wir sind erst dann richtig konditioniert, wenn wir glücklich, gesund und wohlhabend sind – und Glück, Gesundheit und Wohlstand sind das Ergebnis einer harmonischen Anpassung des Inneren an das Äußere, von uns selbst an unsere Umgebung.

Wir werden erst dann glücklich, gesund und wohlhabend sein, wenn wir aufhören, zu jammern und zu schmähen, und wenn wir anfangen, die verborgene Gerechtigkeit zu suchen, die unser Leben bestimmt. Wenn wir lernen, unseren Geist an diesen bestimmenden Faktor anzupassen, hören wir auf, anderen die Schuld für unsere Umstände zu geben. Dann bauen wir in uns starke und gesunde Gedanken auf; wir hören auf, uns gegen die Umstände aufzulehnen, und fangen an, sie als unsere Helfer zu schnellerem Wachstum und als Mittel zur Entdeckung verborgener Kräfte und Möglichkeiten in uns selbst zu nützen.

Das Gesetz – nicht die Unordnung – ist das herrschende Prinzip im Universum; Gerechtigkeit – nicht Ungerechtigkeit – ist die Seele und die Natur des Lebens; und Rechtschaffenheit – nicht Korruption – ist die verbindende und bewegende Kraft in dem spirituellen Reich dieser Welt. Da dem so ist, müssen wir uns selbst rechtfertigen, bevor wir feststellen, daß das Universum recht hat; und dabei werden wir sehen, daß Situationen und andere Menschen sich uns gegenüber verändern, wenn *wir* unsere Gedanken in bezug auf Situationen und andere Menschen verändern.

Der Beweis dieser Wahrheit liegt in jedem Menschen und kann daher durch systematische Innensicht und Selbstanalyse leicht überprüft werden. Wenn wir unser Denken radikal verändern, werden wir erstaunt feststellen, wie schnell sich dies auf die materiellen Umstände unseres Lebens auswirkt. Wir geben vor, daß wir unser Denken geheimhalten können, aber da machen wir uns etwas vor – unser Denken kristallisiert sich schnell zur Gewohnheit, und Gewohnheit festigt sich zu Umständen.

Niedere Gedanken formen sich zu Gewohnheiten wie Trunksucht oder Groll und verfestigen sich zu Lebensumständen der bittersten Not und des Leidens; destruktive Gedanken jeglicher Art kristallisieren sich zu störenden und ermüdenden Gewohnheiten, die sich zu widrigen Umständen verfestigen; Gedanken der Furcht, des Zweifels und der Unentschlossenheit werden zu schwachen und unsteten Gewohnheiten, die sich zu Umständen des Versagens, der Armut und der Abhängigkeit verfestigen; faule Gedanken werden zu Gewohnheiten der Unreinheit und Unehrlichkeit und festigen sich zu Umständen der Verdorbenheit und Armut; Gedanken des Hasses und der Verachtung kristallisieren sich zu Gewohnheiten der Anklage und der Gewalt und festigen sich zu Umständen der Verletzung und Verfolgung; selbstsüchtige Gedanken jeglicher Art kristallisieren sich zu Gewohnheiten des Egoismus und festigen sich zu leidvollen Umständen.

Andererseits kristallisieren sich schöne Gedanken jeglicher Art zu Gewohnheiten der Anmut und Liebenswürdigkeit und festigen sich zu heiteren und sonnigen Umständen; konstruktive Gedanken führen zu Gewohnheiten der Mäßigkeit und Selbstkontrolle und festigen sich zu Umständen der Ruhe und des Friedens; Gedanken des Mutes, der Verläßlichkeit und der Entscheidungskraft werden zu starken und produktiven Gewohnheiten und festigen sich zu Umständen des Erfolgs, der Fülle und der Freiheit; energetische Gedanken formieren Gewohnheiten der Reinlichkeit und des Fleißes und festigen sich zu Umständen der Freude und Heiterkeit; sanfte und vergebende Gedanken kristallisieren sich zu Gewohnheiten der Güte und festigen sich zu sicheren und gesunden Umständen; liebevolle und selbstlose Gedanken wandeln sich in Gewohnheiten der Selbstlosigkeit für andere und festigen sich zu Umständen des sicheren und beständigen Wohlstands und der wirklichen Reichtümer.

Wenn man an einem bestimmten Gedanken festhält, sei er gut oder schlecht, wird er mit absoluter Sicherheit seine Auswirkungen auf unseren Charakter und unsere Umstände zeitigen. Wir können unsere Umstände nicht *direkt* wählen, aber wir können unsere Gedanken wählen und so – indirekt, und doch unfehlbar – unsere Umstände formen.

Die Natur arbeitet mit uns und durch uns, um uns zu helfen, die Gedanken, die wir am intensivsten hegen, zu verwirklichen, und es bieten sich Gelegenheiten, die sowohl die guten als auch die destruktiven Gedanken am schnellsten an die Oberfläche bringen.

Sobald wir mit unseren negativen und destruktiven Gedanken aufhören können, wird die Welt für uns sanfter und ist bereit, uns zu helfen; sobald wir unsere schwachen und kranken Gedanken beiseite legen, bieten sich ständig neue Gelegenheiten, um unsere festen Vorsätze zu unterstützen; sobald wir gute Gedanken ermutigen, wird uns kein hartes Schicksal an Elend und Scham ketten. Die

Welt ist unser Kaleidoskop, und die sich verändernden Farbkombinationen, die sie uns in jedem neuen Augenblick bietet, sind die Bilder, die sich fein unseren sich ständig bewegenden Gedanken anpassen.

Du bist, was du sein willst;
Laß Versagen seinen falschen Inhalt finden
In dem armseligen Wort » Umwelt«.
Der Geist spottet nur darüber und ist frei.
Er meistert die Zeit, er erobert den Raum,
Er schüchtert den prahlenden Angeber »Zufall« ein
Und raubt dem Tyrannen »Umstand« die Krone,
Weist ihm den Platz des Dieners zu.
Der menschliche Wille, die unsichtbare Kraft,
Der Abkomme einer unsterblichen Seele,
Findet einen Weg zu jedem Ziel
Und durchdringt auch Granitwände.
Sei nicht ungeduldig, wenn die Wirkung auf sich
warten läßt,
Warte vielmehr als jemand, der versteht;
Wenn der Geist sich erhebt und befiehlt,
Sind die Götter willig und gehorchen.

3

Die Wirkung der Gedanken auf Gesundheit und Körper

Der Körper ist der Diener des Geistes. Er gehorcht den Vorgängen des Geistes – ob sie nun absichtlich gewählt oder einfach ganz automatisch ausgedrückt werden. Auf Geheiß von ungesunden Gedanken sinkt der Körper rasch in Krankheit und Verfall; auf Befehl von frohen und schönen Gedanken umhüllt er sich mit Jugend und Schönheit.

Krankheit und Gesundheit sind – wie auch unsere Lebensumstände – im Denken verwurzelt. Krankhafte Gedanken werden sich in einem kranken Körper ausdrücken. Gedanken der Furcht können, das weiß man, einen Menschen so schnell töten wie eine Kugel – und sie töten ständig Tausende von Menschen ebenso sicher, wenn auch nicht ganz so schnell. Menschen, die in Angst vor Krankheit leben, sind Menschen, die krank werden.

Angst demoralisiert schnell den ganzen Körper und öffnet ihn der Krankheit; unreine Gedanken, auch wenn sie nicht körperlich ausgelebt werden, werden bald das Nervensystem erschüttern.

Starke, reine und glückliche Gedanken bauen den Körper in Vitalität und Anmut auf. Der Körper ist ein zartes und plastisches Instrument, das auf die Gedanken, von denen er beeindruckt wird, umgehend reagiert. Gewohnheitsmäßiges Denken wird seine ganz eigene Wirkung auf den Körper haben – eine gute oder eine schlechte.

In den Adern der Menschen wird weiterhin unreines und vergiftetes Blut fließen, solange sie unsaubere Gedanken haben. Aus einem reinen Herzen kommt ein gesundes Leben und ein gesunder Körper. Aus einem verdorbenen Geist kommt ein verdorbenes Leben und ein unreiner Körper. Der Gedanke ist die Quelle des Handelns, des Lebens und der Verwirklichung; ist die Quelle rein, so wird alles rein sein.

Eine Veränderung ihrer Ernährungsweise wird jenen nicht helfen, die ihre Gedanken nicht verändern. Wenn unsere Gedanken rein sind, verlangt es uns nicht länger nach unreiner Nahrung.

Sauberes Denken führt zu sauberen Gewohnheiten. Menschen, die ihre Gedanken gestärkt und gereinigt haben, müssen keine Rücksicht mehr auf bösartige Mikroben nehmen.

Wenn Sie Ihren Körper vervollkommnen wollen, achten Sie auf Ihren Geist. Wenn Sie Ihren Körper erneuern wollen, verschönern Sie Ihren Geist. Gedanken der Böswilligkeit, des Neides, der Enttäuschung, der Mutlosigkeit rauben dem Körper seine Gesundheit und seine Anmut. Ein mißmutiges Gesicht entsteht nicht durch Zufall, es entsteht durch mißmutige Gedanken. Verunstaltende Falten werden durch Torheiten, durch Leid und Stolz eingegraben.

Ich kenne eine Frau von 96 Jahren, die das helle, unschuldige Gesicht eines Mädchens hat. Ich kenne einen Mann, der noch nicht einmal in den besten Jahren ist und schon ein Gesicht voller unharmonischer Konturen hat. Sie ist das Ergebnis eines heiteren Gemüts, er die Folge von Selbstmitleid und Unzufriedenheit.

So, wie Sie keinen angenehmen und gesunden Platz zum Leben haben können, wenn Sie nicht Luft und Sonnenschein in Ihre Wohnung lassen, so ist ein starker Körper und ein offenes, glückliches oder heiteres Gesicht nur möglich, wenn Sie Gedanken der Freude, des Wohlwollens und der Heiterkeit in Ihren Geist einlassen.

Auf den Gesichtern der Alten gibt es Falten des Mitgefühls, der starken und reinen Gedanken und andere, die durch negative Emotionen eingegraben wurden – wer könnte sie nicht unterscheiden? Für jene, die rechtschaffen gelebt haben, ist das Alter ruhig, friedlich und angenehm – wie ein Sonnenuntergang. Vor kurzem sah ich einen Philosophen auf dem Totenbett. Er war nur an Jahren alt. Er starb so ruhig und friedlich, wie er gelebt hatte.

Nichts ist ein besserer Arzt als der freudige Gedanke, um die Krankheiten des Körpers zu vertreiben; es gibt keinen vergleichbaren Tröster, will man die Schatten der Trauer und des Grames zerstreuen. Wer ständig mit Gedanken des bösen Willens, des Zynismus, des Mißtrauens und des Neides lebt, beschränkt sich auf eine selbsterschaffene Gefängniszelle. Wer aber Gutes von allen denkt, freundlich zu allen ist, geduldig lernt, das Gute in allem zu finden – der hat durch solch selbstlose Gedanken die Tore des Himmels geöffnet, und wer Tag für Tag an Frieden gegenüber allen Kreaturen denkt, wird sich selbst Frieden in Fülle bringen.

4

Gedanken und Absicht

Erst wenn der Gedanke mit einer Absicht verbunden wird, kann er auf intelligente Weise erfüllt werden. Die meisten Menschen lassen die Barke der Gedanken auf dem Ozean des Lebens treiben. Ziellosigkeit ist ein Laster, und solches Dahintreiben darf nicht länger bei jenen auftreten, die sich vor Katastrophen und Zerstörung bewahren wollen.

Jene, die keinen zentralen Sinn in ihrem Leben haben, fallen leicht den kleinlichen Sorgen, Ängsten, Problemen und dem Selbstmitleid zur Beute – all dies sind Anzeichen von Schwäche. Sie führen uns ebenso sicher wie vorsätzlich geplante Verbrechen (wenn auch auf einer anderen Ebene) zu Mißerfolg, Unglück und Verlust, denn Schwäche kann nicht überdauern in einem Universum, in dem sich alles um Macht dreht.

Wir müssen einen legitimen Sinn in unserem Herzen finden und uns aufmachen, ihn zu erfüllen. Wir müssen diesen Sinn zum zentralen Punkt unseres Denkens machen. Es kann ein spirituelles Ideal sein oder es kann ein materieller Gegenstand sein – je nach unserem gegenwärtigen Zustand. Doch was immer es ist, wir sollten unsere Gedankenkräfte ständig auf dieses Ziel, das wir uns selbst gesetzt haben, konzentrieren. Wir sollten diesen Sinn zu unserer höchsten Pflicht machen und uns ganz seiner Erreichung widmen. Wir dürfen unseren Gedanken nicht erlauben, in flüchtige Marotten, Sehnsüchte und Vorstellungen abzuschweifen. Dies ist der Königsweg zu Selbstkontrolle und wahrer Gedankenkonzentration. Selbst wenn wir bei der Erreichung unseres Lebensziels immer wieder versagen – wie es notwendigerweise passiert, bis wir unsere Schwäche besiegt haben: die *gewonnene Charakterstärke* wird der Maßstab unseres *wahren* Erfolgs sein, und dies wird für unsere künftige Stärke und unsere künftigen Triumphe einen neuen Ausgangspunkt formen.

Jene, die noch nicht bereit sind, ein *großes* Lebensziel zu erfassen, sollten ihre Gedanken auf die fehlerlose Durchführung ihrer Pflicht konzentrieren, wie unbedeutend ihre Aufgabe auch erscheinen mag. Nur auf diese Weise können die Gedanken gesammelt und fokussiert und Entschlossenheit und Energie entwickelt werden. Wenn dies getan ist, gibt es nichts mehr, was nicht erreicht werden könnte.

Sogar die schwächste Seele kann göttlich stark wachsen: wenn sie sich im Wissen um ihre eigene Schwäche und im Glauben an diese Wahrheit – daß nämlich *Stärke nur durch Anstrengung und Übung entwickelt werden kann* – selbst bemüht und eine Anstrengung der anderen hinzufügt, eine Geduld der anderen und eine Stärke der anderen und niemals aufhört, sich zu entwickeln.

So, wie körperlich schwache Menschen sich durch sorgfältiges und geduldiges Training stärken können, so können Menschen mit schwachen Gedanken sich selbst stärken, wenn sie sich im rechten Denken üben.

Ziellosigkeit und Schwäche loszuwerden und anzufangen, mit einer bestimmten Absicht zu denken, heißt, die Ränge jener Starken zu betreten, die Versagen nur auf dem Weg zur Zielerreichung anerkennen, die sich alle Umstände zunutze machen, die stark denken, furchtlos versuchen und meisterhaft erreichen.

Wenn Sie Ihren Sinn im Leben gefunden haben, sollten Sie zu dessen Erreichung geistig einen *geraden* Weg einschlagen und weder nach links noch nach rechts schauen. Zweifel und Ängste sollten rigoros ausgeschlossen werden; sie sind auflösende Elemente, die die gerade

Linie der Anstrengung aufbrechen und sie verbiegen, unwirksam und nutzlos machen. Gedanken des Zweifels und der Angst erreichen nie etwas und können das auch niemals. Sie führen immer zu Versagen. Sinn, Energie, aktive Kraft und alle starken Gedanken enden in dem Augenblick, in dem Zweifel und Angst sich einschleichen.

Der Wille zum Tun entspringt dem Wissen, daß wir tun *können.* Zweifel und Angst sind die großen Feinde des Wissens. Jene, die sie ermutigen, die sie nicht niedermachen, verkleinern sich selbst mit jedem Schritt.

Jene, die Zweifel und Angst besiegt haben, haben damit auch das Versagen besiegt. Jeder ihrer Gedanken ist mit Kraft verbunden, und alle Schwierigkeiten werden tapfer konfrontiert und weise besiegt. Ihr Lebenssinn ist gemäß den Jahreszeiten gepflanzt, und er erblüht und trägt Früchte, die nicht vorzeitig zu Boden fallen.

Ein Gedanke, der furchtlos an einen Lebenssinn gebunden ist, wird zu einer kreativen Kraft; jene, die dies *wissen,* sind bereit, zu etwas Höherem und Stärkerem zu werden als bloße Bündel wandernder Gedanken und schwankender Gefühle; jene, die dies *tun* – die ihre Gedanken furchtlos mit einem Sinn verbinden –, werden bewußte und intelligente Federführer ihrer geistigen Kräfte.

5

Durch Gedanken Ziele erreichen

Alles, was Sie erreichen, und alles, was Sie nicht erreichen, ist das direkte Ergebnis Ihrer eigenen Gedanken. In einem gerecht geordneten Universum, in dem der Verlust des Gleichgewichts totale Zerstörung bedeuten würde, muß die individuelle Verantwortung absolut sein. Ihre Schwäche und Stärke, Ihre Reinheit und Unreinheit, gehören Ihnen und niemand anderem; sie werden von Ihnen selbst hervorgebracht und von niemand anderem, und sie können nur von Ihnen selbst geändert werden, niemals von jemand anderem. Ihre Lebensumstände sind ebenfalls Ihre eigenen und nicht die eines anderen. Sowohl Ihr Leid als auch Ihr Glück kommen aus Ihrem Inneren. So, wie Sie denken, sind Sie. So, wie Sie zukünftig denken, werden Sie sein.

Stärkere Menschen können den schwächeren nur dann helfen, wenn sich die schwächeren helfen lassen *wollen,* und sogar dann müssen die Schwachen selbst stark werden. Sie müssen durch eigene Anstrengung die Stärke entwickeln, die sie in anderen bewundern. Nur wir selbst können unsere Umstände verändern.

Sowohl die Unterdrücker als auch jene, die unterdrückt werden, arbeiten in ihrer Unwissenheit zusammen, und während sie scheinbar aneinander leiden, leiden sie in Wirklichkeit an sich selbst. Ein vollkommenes Wissen nimmt das Handeln des Gesetzes in der Schwäche der Unterdrückten und die falsch angewendete Macht der Unterdrücker wahr; eine vollkommene Liebe, die das Leid sieht, das beide Zustände mit sich bringen, verurteilt keinen von beiden; ein vollkommenes Mitgefühl erstreckt sich sowohl auf den Unterdrücker als auch auf den Unterdrückten.

Jene, die die Schwäche besiegt und sich aller selbstsüchtigen Gedanken entledigt haben, gehören weder zu den Unterdrückern noch zu den Unterdrückten. Sie sind frei.

Wir können uns nur erheben und triumphal und erfolgreich sein, wenn wir unsere Gedanken erheben. Wir werden immer nur schwach, jämmerlich und elend bleiben, wenn wir uns weigern, unsere Gedanken zu erheben.

Bevor wir irgend etwas erreichen können, selbst weltliche Dinge, müssen wir unsere Gedanken über extreme Maßlosigkeit erheben. Wir müssen uns nicht *von jeglicher* Selbstsüchtigkeit lossagen, um erfolgreich zu sein, aber zumindest ein Teil muß aufgegeben werden. Wenn wir von Gedanken der Maßlosigkeit beherrscht werden, können wir weder klar denken noch methodisch planen; wir können unsere verborgenen Ressourcen weder entdecken noch entwickeln, und so versagen wir bei jedem Unternehmen. Wenn wir nicht damit beginnen, unsere Gedanken effektiv zu kontrollieren, sind wir auch nicht in der Lage, unsere Angelegenheiten zu kontrollieren und ernsthaft Verantwortung zu übernehmen. Wir sind nicht fähig, unabhängig zu handeln und allein zu stehen. Wir werden nur durch die Gedanken begrenzt, die wir wählen.

Ohne ein bestimmtes Maß an Opfern kann es keinen Fortschritt und keine Leistung geben, und unser weltlicher Erfolg wird direkt proportional zu dem Maß wachsen, in dem wir selbstsüchtige, maßlose Gedanken besiegen, unsere Geisteskräfte auf die Entwicklung unserer Pläne konzentrieren und unsere Entschlußkraft und unser Selbstvertrauen stärken. Je höher wir unsere Gedanken erheben, je aufrechter, rechtschaffener und idealistischer wir werden, desto größer wird unser Erfolg sein, und desto gesegneter und ausdauernder werden unsere Leistungen.

Das Universum begünstigt nicht die Gierigen, die Unehrlichen, die Lasterhaften – obwohl es an der bloßen Oberfläche bisweilen so erscheinen mag. Das Universum hilft stets den Ehrlichen, den Großmütigen, den Tugendhaften. Alle großen Lehrer der Geschichte erklärten dies auf unterschiedliche Art und Weise, und um das zu erkennen und zu beweisen, müssen wir ohne Unterlaß daran arbeiten, uns selbst tugendhafter zu machen, indem wir unsere Gedanken erheben.

Intellektuelle Leistungen sind das Ergebnis von Gedanken, die der Suche nach Wissen oder nach dem Schönen und Wahren im Leben und in der Natur geweiht wurden. Solche Leistungen sind bisweilen mit Eitelkeit und Ehrgeiz verbunden, aber sie sind nicht das Ergebnis dieser Eigenschaften, sie sind die natürliche Folge langer und mühsamer Anstrengung sowie reiner und selbstloser Gedanken.

Spirituelle Errungenschaften sind die Vollendung heiliger Bestrebungen. Jene, die ständig in der Vorstellung edler und erhabener Gedanken leben, die bei all dem verweilen, was rein und selbstlos ist, bekommen – so sicher wie die Sonne ihren Zenit erreicht und der Mond voll ist – einen weisen und edlen Charakter und steigen zu einer Stellung von Einfluß und Glück auf.

Vollendung, welcher Art auch immer, ist die Krone der Anstrengung, das Diadem des Denkens. Mit Hilfe zielgerichteten Denkens, Entschlossenheit, Selbstkontrolle und Rechtschaffenheit steigen wir auf; durch Faulheit, Mangel an Selbstkontrolle und wirres Denken steigen wir ab.

Wir können uns zu hohen Erfolgen in der Welt erheben, sogar zu erhabenen Höhen im spirituellen Bereich aufsteigen und dann in Schwäche und Erbärmlichkeit absteigen, wenn wir es zulassen, daß arrogante, selbstsüchtige und korrupte Gedanken Besitz von uns ergreifen.

Siege, die durch rechtes Denken erlangt werden, können nur durch Wachsamkeit beibehalten werden. Viele werden nachlässig, sobald der Erfolg sicher scheint, und fallen dann schnell in den Mißerfolg zurück.

Alles, was wir erreichen – ob geschäftlich, intellektuell oder spirituell –, ist das Ergebnis von klaren und zielgerichteten Gedanken, wird von denselben Gesetzen regiert und folgt derselben Methode; der einzige Unterschied liegt im *Ziel.*

Wer wenig erreicht, opfert wenig; wer viel erreicht, muß viel opfern; wer Höchstes anstrebt, muß am meisten opfern.

6

Visionen und Ideale

Die Träumer sind die Retter der Welt. Wie die sichtbare Welt vom Unsichtbaren getragen wird, so wird die Menschheit – durch all ihre Versuchungen und Fehler und all ihr Leid – von den herrlichen Visionen ihrer einsamen Träumer getragen.

Die Menschheit sollte ihre Träumer nicht vergessen, sie darf deren Ideale nicht verblassen und sterben lassen. Die Menschheit lebt in ihren Träumern, sie erkennt in ihnen die *Wirklichkeit,* die sie eines Tages sehen und erleben wird.

Komponisten, Bildhauer, Maler, Dichter, Propheten und Philosophen sind die Schöpfer der Nachwelt, die Architekten des Himmels. Die Welt ist schön, weil sie gelebt haben; ohne sie würde der Rest der Menschheit vergehen.

Jene, die eine schöne Vision, ein erhabenes Ideal in ihren Herzen pflegen, werden dies eines Tages auch verwirklichen. Kolumbus pflegte die Vision einer anderen Welt, und er entdeckte sie; Kopernikus nährte die Vision einer Vielzahl von Welten und eines größeren Universums, und er öffnete deren Tore; Buddha hatte die Vision einer spirituellen Welt von fleckenloser Schönheit und vollkommenem Frieden, und er betrat sie.

Pflegen Sie Ihre Visionen; pflegen Sie Ihre Ideale; pflegen Sie die Musik, die in Ihrem Herzen klingt, die Schönheit, die sich in Ihrem Geist formt, den Zauber, der Ihre besten Gedanken umhüllt, denn aus ihnen werden all die herrlichen Umstände, die himmlische Umgebung erwachsen; wenn Sie Ihren Visionen treu bleiben, wird aus diesen Visionen schließlich Ihre Welt errichtet werden.

Zu wünschen heißt zu erhalten; zu streben heißt zu erreichen. Sollen denn unsere niedrigsten Begierden das höchste Maß an Bestätigung empfangen und unsere reinsten Bestrebungen aus Mangel an Beistand leiden? Das ist nicht das Gesetz des Universums; eine solche Bedingung kann nie obsiegen. »Bittet, und es wird euch gegeben.«

Träumen Sie erhabene Träume, und was Sie träumen, sollen Sie werden. Ihre Vision ist das Versprechen dessen, was Sie eines Tages sein werden; Ihr Ideal ist die Prophezeiung dessen, was Sie letztendlich enthüllen werden.

Auch die größte Errungenschaft war zuerst und eine Zeitlang nichts als ein Traum. Die Eiche schläft in der Eichel; der Vogel wartet im Ei, und in der höchsten Vision der Seele rührt sich ein erwachender Engel. Träume sind die Samenkörner der Wirklichkeit.

Ihre Umstände mögen vielleicht unangenehm sein, aber sie werden das nicht lange bleiben, wenn Sie sich ein Ideal suchen und danach streben, es zu erreichen. Sie können nicht *im Inneren* in Bewegung sein und *im Äußeren* stillstehen.

Ein Beispiel: Eine junge Frau und ein junger Mann, beide leiden unter der schweren Bürde der Armut; lange Arbeitszeiten in einer ungesunden Werkstatt, ohne Bildung und Kultur. Aber sie beide träumen von einem besseren Leben, von Intelligenz, Kultiviertheit, Anmut und Schönheit. Sie entwerfen sich geistig die idealen Lebensumstände. Die Vision einer größeren Freiheit und größerer Möglichkeiten nehmen Besitz von ihnen; Unrast treibt sie zu Taten, und sie nützen ihre ganze Freizeit und all ihre Mittel, so gering sie auch seien, zur Entwicklung ihrer schlummernden Kräfte und Ressourcen. Sehr bald schon hat sich ihr Geist so verändert, daß die Werkstatt sie nicht länger halten kann. Die Diskrepanz zwischen der Werkstatt und ihrer geistigen Einstellung wurde derart groß, daß die Werkstatt aus ihrem Leben schied, wie man ein Kleidungsstück beiseite wirft; mit den wachsenden Chancen, die ihren zunehmenden Kräften entsprechen, wuchsen beide für immer darüber hinaus.

Jahre später sehen wir sie als reife Erwachsene. Wir finden sie, beide in ihrer individuellen einzigartigen Art und Weise, als Meister bestimmter Geisteskräfte, mit denen sie weltweit Einfluß und beinahe unerreichte Macht ausüben. In ihren Händen halten sie die Zügel großer Verantwortung; sie sagen nur ein Wort, und schon ändern sich Leben; Menschen hängen an ihren Lippen und ändern ihren Charakter nach deren Ideal. Wie die Sonne werden sie zu fixen und strahlenden Zentren, um die herum sich unzählige Schicksale drehen. Sie haben die Vision ihrer Jugend verwirklicht. Sie wurden eins mit ihren Idealen.

Auch Sie als Leser werden die Vision – nicht den müßigen Wunsch – Ihres Herzens verwirklichen, sei sie klein oder herrlich oder eine Mischung aus beidem, denn Sie werden immer angezogen von dem, was Sie – insgeheim – am meisten lieben. In Ihre Hände wird das genaue Ergebnis Ihrer eigenen Gedanken gelegt; Sie werden erhalten, was Sie verdienen – nicht mehr und auch nicht weniger.

Wie auch immer Ihre gegenwärtige Umgebung aussehen mag, sie wird mit Ihren Gedanken, Ihrer Vision,

Ihrem Ideal fallen, erhalten bleiben oder sich erheben. Sie werden so klein wie das Sie kontrollierende Verlangen; Sie werden so groß wie das Sie dominierende Bestreben.

Um es mit den herrlichen Worten von Stanton Kirkham Davis zu sagen:

»Sie übernehmen die Verantwortung, und schon bald werden Sie aus der Tür treten, die für Sie so lange die Barriere Ihrer Ideale zu sein schien, und Sie werden sich vor einem Publikum wiederfinden – den Schreibstift noch hinter dem Ohr, die Tintenspuren an den Fingern. Dann werden Sie den Gedankenstrom Ihrer Inspiration vorstellen.

Vielleicht haben Sie Schafe gehütet; doch dann wandern Sie in die Stadt – als einfacher Schäfer und mit großem Staunen; und Sie wandern unter der unbeirrten Führung Ihres Geistes in das Studio des Meisters; nach einer Zeit wird er zu Ihnen sagen: ›Ich kann dir nichts mehr beibringen.‹ Und dann sind Sie selbst zum Meister geworden, Sie, der Sie noch vor kurzem beim Schafehüten von großen Dingen träumten. Sie werden die Werkzeuge niederlegen und die Erneuerung der Welt auf sich nehmen.«

Die Gedankenlosen, die Unwissenden und die Faulen sehen nur die augenscheinlichen Wirkungen der Dinge und nicht die Dinge selbst, sprechen von Glück, gutem Schicksal und Zufall. Wenn sie sehen, wie jemand reich wird, sagen sie: »Was der für ein Glück hat!« Wenn Sie einen anderen sehen, der ein anerkannter Gelehrter wird, rufen sie aus: »Dem geht's vielleicht gut!« Und wenn sie den edlen Charakter und den großen Einfluß anderer bemerken, behaupten sie: »Denen hilft an jeder Ecke eine gute Fee!«

Sie sehen nicht die Versuchungen, die Mißerfolge und die Kämpfe, die diese Menschen freiwillig auf sich genommen haben, um ihre Erfahrungen zu gewinnen; sie kennen nicht die Opfer, die sie brachten, wissen nicht um die unverzagten Anstrengungen, die sie unternommen haben, um den Glauben, in dem sie sich geübt hatten, daß sie das augenscheinlich Unbesiegbare besiegen und die Vision ihres Herzens verwirklichen würden. Sie kennen nicht die Dunkelheit und die Abgründe der Seele, sie sehen nur das Licht und die Freude und nennen es »Glück«; sie sehen nicht die lange und anstrengende Reise, sondern nur das angenehme Ziel und nennen es »glückliche Fügung«; sie verstehen die Abfolge der Ereignisse nicht, sondern nehmen nur das Ergebnis wahr und nennen es »Zufall«.

In allen menschlichen Angelegenheiten gibt es Anstrengungen, und es gibt Ergebnisse. Die Intensität der Anstrengung ist das Maß des Ergebnisses. Es handelt sich niemals um Zufall. Sogenannte »Geschenke«, Kräfte, Fügungen, intellektuelle und spirituelle Besitztümer sind die Früchte der Anstrengung; es sind Gedanken, die vervollständigt wurden, Dinge, die vollendet wurden, Visionen, die verwirklicht wurden.

Die Vision, die Sie in Ihrem Geist verherrlichen, das Ideal, das Sie in Ihrem Herzen hegen – so werden Sie Ihr Leben aufbauen, und so werden Sie einst sein.

7

Gelassenheit

Gelassenheit des Geistes ist eins der herrlichsten Kleinode der Weisheit. Sie ist das Ergebnis langer und geduldiger Übung in Selbstkontrolle. Ihre Gegenwart ist ein Anzeichen für gereifte Erfahrung und für ein Wissen um die Gesetze und Handlungen des Denkens, das das gewöhnliche Maß übersteigt.

Wir werden in dem Maße ruhig, wie wir uns selbst als Wesen verstehen, die sich aus Gedanken heraus entwickeln. Ein solches Wissen führt zum Verständnis, daß auch andere ein Ergebnis ihres Denkens sind, und wenn wir das rechte Verständnis entwickeln, erkennen wir immer deutlicher die inneren Verhältnisse der Dinge, die sich infolge von Ursache und Wirkung ergeben. Wir hören auf, zu wüten und zu hadern, uns zu sorgen und zu trauern, und wir bleiben ruhig, fest, heiter.

Menschen, die ruhig sind, haben gelernt, wie man sich selbst im Griff hat, wissen, wie man sich an andere anpaßt; und diese anderen wiederum freuen sich an der spirituellen Gelassenheit der ruhigen Menschen und spüren, daß sie von ihnen lernen und sich auf sie verlassen können.

Je ruhiger wir werden, desto größer ist unser Erfolg, unser Einfluß, unsere Macht zum Guten. Sogar die gewöhnlichsten Verkäufer werden herausfinden, daß ihr geschäftlicher Erfolg steigt, wenn sie größere Selbstkontrolle und Gelassenheit entwickeln, denn die Leute werden es immer vorziehen, mit Menschen zu verhandeln, deren Verhalten angenehm und harmonisch ist.

Starke, ruhige Menschen werden immer geliebt und verehrt. Sie sind wie schattenspendende Bäume in einem trockenen Land oder wie ein schützender Fels in einem Sturm.

Wer würde nicht ein ruhiges Herz, ein ausgeglichenes Leben lieben? Für jene, die diese Segnungen besitzen, kommt es nicht darauf an, ob es regnet oder die Sonne scheint oder welche Veränderungen auch immer eintreten, denn sie sind stets freundlich, heiter und gelassen. Diese herausragende Charakterhaltung, die wir heitere Gelassenheit nennen, ist die letzte Lektion unserer Kultur; sie ist die Blüte des Lebens, die Frucht der Seele. Sie ist so wertvoll wie die Weisheit und viel erstrebenswerter als Gold – ja, sogar kostbarer als Gold. Wie unbedeutend das bloße Geldverdienen im Vergleich zu einem heiteren Leben erscheint – ein Leben, das im Ozean der Wahrheit ruht, unter den Wellen, jenseits der Reichweite der Stürme, in ewiger Ruhe.

Wieviele Menschen kennen wir, die sich ihr Leben versauern, die durch explosive Ausbrüche alles ruinieren, was schön und herrlich ist, die ihre Charakterstärke zerstören und böses Blut verursachen. Es ist noch die Frage, ob nicht die große Mehrheit der Menschen durch einen Mangel an Verständnis und Selbstkontrolle ihr Leben ruiniert und ihr Glück zerstört. Wie wenige Menschen treffen wir in unserem Leben, die ausgeglichen sind, die jene exquisite Haltung besitzen, die das Erkennungszeichen des vollendeten Charakters ist.

Ja, die Menschheit wogt vor unkontrolliertem Ärger und unbeherrschbarer Trauer, wird von Angst und Zweifel getrieben. Nur die wahrhaft Weisen, die ihre Gedanken kontrollieren und rein halten, unterwerfen die Winde und Stürme der Seele ihrem Gehorsam.

Sturmumtoste Seelen, wo auch immer ihr seid, unter welchen Bedingungen ihr auch lebt, ihr sollt wissen: Im Ozean des Lebens lächeln die Inseln des Glücks, und der sonnige Strand eurer Ideale wartet auf euer Kommen.

Halten Sie Ihre Hand fest am Steuerruder Ihrer Gedanken. Im Schiff Ihrer Seele wohnt der kommandierende Kapitän – er schläft nur: Wecken Sie ihn! Selbstkontrolle ist Stärke, rechtes Denken ist Meisterschaft, Ruhe ist Macht. Sagen Sie in Ihrem Herzen: »Friede, sei still!«